주일학교를 세우는
52일 교사기도 챌린지

주일학교를 세우는
52일 교사 기도 챌린지
© 생명의말씀사 2023

2023년 4월 21일 1판 1쇄 발행
2024년 1월 17일　　2쇄 발행

펴낸이 | 김창영
펴낸곳 | 생명의말씀사

등록 | 1962. 1. 10. No.300-1962-1
주소 | 서울시 종로구 경희궁1길 6 (03176)
전화 | 02)738-6555(본사) · 02)3159-7979(영업)
팩스 | 02)739-3824(본사) · 080-022-8585(영업)

지은이 | 곽상학, 이도복

기획편집 | 김유미
디자인 | 김혜진
인쇄 | 예원프린팅
제본 | 보경문화사

ISBN 978-89-04-16828-6 (03230)

저작권자의 허락 없이 이 책의 일부 또는 전체를
무단 복제, 전재, 발췌하면 저작권법에 의해 처벌을 받습니다.

주일학교를 세우는
52일 교사기도 챌린지

곽상학
이도복

CHALLENGE

교사인 나 _____은(는)

_____교회 _____부

신앙성벽을 세우기 위해

52일 동안 신실하게 기도하기로

다짐합니다.

년   월   일

너희가 내 안에 거하고
내 말이 너희 안에 거하면
무엇이든지 원하는 대로 구하라
그리하면 이루리라(요 15:7).

주일학교를 세우는 52일 교사기도 챌린지

✓ 하루하루 기도하며 주일학교의 신앙성벽을 세워 보세요.

1일	2일	3일	4일	5일	6일	7일
✓						

8일	9일	10일	11일	12일	13일	14일

15일	16일	17일	18일	19일	20일	21일

22일	23일	24일	25일	26일	27일	28일

29일	30일	31일	32일	33일	34일	35일

36일	37일	38일	39일	40일	41일	42일

43일	44일	45일	46일	47일	48일	49일

50일	51일	52일

CHALLENGE
챌린지 성공을 축하해요!

추천의 글

엄마의 마음으로 기도하게 하는 소중한 기도문

『주일학교를 세우는 52일 교사 기도 챌린지』는 교사로서 아이들의 눈빛을 바라보며, 아이들의 이름을 불러 주며, 아이들을 품에 안고 엄마의 마음으로 기도하게 하는 소중한 이야기입니다.

  이 책을 통해 하나님을 알고 하나님을 사랑하는 교사, 아이들을 사랑하고 돌보는 교사, 예수님의 성품을 닮아 가는 교사, 하나님과 다른 사람들을 섬기는 교사, 세상에 하나님을 알리는 교사가 되길 다짐하게 될 것입니다.

  또한 이 책이 부름 받은 많은 주일학교 교사들을 기도의 자리에 다시 세워 주며, 존재 가치를 느끼게 해 주고, 새 힘을 얻게 해 줄 것입니다. 52일의 기도를 통해 교사로서 소명을 바르게 세우고, 하나님의 은혜를 깨닫게 되리라고 확신합니다.

_ 송은영 (충신교회 유치1부 교사)

교사들과 부모들에게
친절하고 놀라운 기도 매뉴얼이 될 것

코로나의 도전에 굴하지 않고, 세속화에 속하지 않고, 주목할 만한 성장과 역사를 세워 가는 주일학교들이 있습니다. 그런 주일학교의 공통점은 숫자보다 제자 세우기에 집중하고, 하나님의 말씀에 전념하며, 한 영혼을 위해 기도하는 교사가 있다는 것입니다.

『주일학교를 세우는 52일 교사기도 챌린지』는 이렇게 하나님의 교사로 쓰임 받기를 원하는 교사들과 부모들에게 친절하고 놀라운 기도 매뉴얼이 될 것입니다.

교사의 사명을 세우는 기도부터, 다음 세대들의 가정과 학교를 위한 기도, 연령별 부서를 위한 기도, 신앙 양육의 실천을 위한 기도문까지 포함된 이 책과 함께 기도해 보시길 적극적으로 추천합니다. 기도대로 실천하는 걸음마다 하나님의 크신 회복과 부흥이 임하리라 믿습니다.

_ 신형섭 (장로회신학대학교 기독교교육학 교수)

마땅히 구할 바를 알지 못하는
교사들에게 주는 귀한 선물

아이들은 믿음을 계승하여 더 나은 미래를 열어갈 교회와 나라의 희망입니다. 하나님은 아이들의 영혼에 천국의 씨앗을 심어 두시고, 그 씨앗들을 기도와 섬김으로 세심히 보살피라고 저를 교사로 부르셨습니다.

『주일학교를 세우는 52일 교사 기도 챌린지』는 하나님 나라의 청지기로서 하나님의 은혜를 구하며 그 지혜 안에서 믿음의 결실을 바라는 모든 교사에게 큰 힘과 도움이 될 것입니다. 다음 세대를 향한 열정과 간절한 소망을 담아 매일의 기도문을 소리 내어 읽으니 어느새 저의 기도가 되었습니다.

이 책에 담긴 중언부언하지 않고 구체적으로 말씀을 토대로 드리는 기도문이 마땅히 구할 바를 알지 못하는 교사들에게 귀한 선물이 될 것입니다. 경건의 모양은 있으나 경건의 능력을 모르는 이 시대에 하나님의 나라를 세워 가는 수많은 교사에게 최고의 영적 길라잡이가 될 책이라고 확신합니다.

_ 이은정 (안양제일교회 고등부 교사)

이 책을 통해
교사들의 기도가 살아나길

하나님이 한국교회에 부어 주신 은혜는 말로 다 할 수 없습니다. 특히 주일학교를 세우시고, 다음 세대의 부흥을 위해 헌신하는 교사들을 사용하셨습니다. 주일마다 아이들을 사랑으로 맞이하는 교사들, 여름과 겨울이면 자신의 휴가를 성경학교에 쓰며 아이들과 함께 웃고 기뻐하는 교사들, 눈물로 아이들의 손을 붙잡고 기도하는 교사들이 있었기에 지금의 한국교회가 있다고 해도 과언이 아닙니다.

지금이야말로 기도의 용사가 필요한 때입니다. 교사들이 눈물의 기도로 위기의 한국교회를 바꿀 수 있기 때문입니다. 이 책을 통해 교사들의 기도가 살아나고, 다음 세대가 하나님의 꿈을 꾸는 믿음의 세대로 세워지길 간절히 소망합니다.

_ 이전호 (충신교회 위임목사)

매우 구체적인 기도 제목과
기도문을 수록한 책

  한국교회 주일학교를 든든하게 세워 온 분들은 선생님들입니다. 주일학교 선생님들의 피땀 어린 노고가 있었기에 한국교회가 여기까지 올 수 있었습니다. 선생님들의 눈물 어린 기도로 다음 세대의 놀라운 변화와 역사가 가능했습니다.
  그런데 요즘 주일학교 선생님들이 기도를 어려워한다는 점이 안타깝습니다. 교회 교육의 답은 결국 기도인데, 이 부분에 대한 돌파구가 필요하다고 생각합니다. 그리고 그 돌파구가 되어 줄 이 책이 출간되어 참 기쁩니다.
  『주일학교를 세우는 52일 교사 기도 챌린지』에 선생님들이 어떻게 기도하면 좋을지, 매우 구체적인 기도 제목과 기도문이 수록되어 있습니다. 52일 동안 책에서 안내해 주는 기도문을 따라 기도한다면 누구든지 기도의 교사로 거듭날 줄 믿습니다.

_ 이정현 (청암교회 담임목사, 개신대학원 겸임교수)

다시 세워질 주일학교를 소망하며 쓴
간절한 기도문

  한국의 주일학교가 무너지고 있다고 합니다. 인정하기 싫지만 인정합니다. 하지만 다윗의 무너진 장막을 다시 세우신 우리 주 예수 그리스도께서 지금도 교회를 다시 세워가고 계십니다. 그리고 이 책은 이러한 믿음으로, 다시 세워질 주일학교를 소망하며 쓴 간절한 기도문입니다.

  무슨 무슨 챌린지가 많은 세상에서 우리가 진짜 해야 할 것은 바로 기도 챌린지입니다. 본래 기도는 챌린지가 아니라, 하나님과의 기쁨의 교제 시간입니다. 하지만 기도하지 않았던 영적 나태함을 벗어 버리고 다시 기도의 능력을 맛보려는 분들에게 이 책은 분명 도전과 도움이 될 것입니다.

_ 최원준 (안양제일교회 위임목사)

프롤로그

우리 교회 주일학교가
견고하게 재건되기를

드디어 마스크를 벗게 되었습니다. 마스크는 숨을 쉬고 말할 때마다 답답함을 안겨 주기도 했지만, 감염으로부터 우리를 안전하게 지켜 준 고마운 존재였습니다. 그래서일까요? 홀가분하기도 하지만 민낯을 고스란히 드러내야 한다는 걱정도 큽니다.

그런데 또 다른 마스크가 있다는 사실을 아시나요? 얼굴을 가리거나 꾸미기 위해 만들어 쓰는 가면이 있습니다. 그리고 코로나19라는 전대미문의 사건 앞에 한국교회 주일학교의 마스크가 벗겨졌습니다. 고스란히 드러난 민낯 앞에 짙은 당혹감이 묻어납니다. 아이들로 꽉꽉 들어찼던 왕년의 주일학교는 장로님과 권사님들의 영광스러운 무용담이 되어 버린 듯합니다.

지금 주일학교는 영 얼굴을 들 수 없을 지경입니다. 여기저기서 쏟아 내는 주일학교 통계 수치로 현기증까지 나기 시작합니다. 이에 우리는 엔데믹 상황과 앞으로 이어질 미래 상황을 예측하면서 주일학교의 회복과 성장을 위해 리빌딩하는 혹독한 계기로 삼아야 합니다.

그런데, 수 천 년 전에 이미 강력한 리빌딩을 경험했던 한 사람이 있습니다. 바로 재건의 달인 느헤미야입니다. 그는 온 백성과 하나가 되어 52일 동안 성벽을 재건했습니다. 그리고 웅장하게 재건된 성벽을 본 모든 원수가 이스라엘과 함께하시는 하나님을 깨닫고 두려워 떨게 됩니다.

이 책은 나 자신의 욕망을 채우기 위해 하나님을 동원하는 열심을 포기하게 하고, 오히려 자신의 뜻을 무너뜨리고, 덜어 내고, 비워 내도록 돕는 안내서입니다. 그리고 52일 동안 연습할 우리의 기도는 하나님이 하실 리빌딩입니다.

52일 동안 우리의 기도는 확실한 방법과 명확한 목적으로 진행될 것입니다. 다음 세대를 믿음의 반석 위에 세우라고 주신 '주일학교 교사'라는 사명을 가지고 52일간 성령님의 능력으로 기도하며, 주일학교를 향하신 하나님 아버지의 뜻에 따라 기도하며, 십자가에서 보혈을 흘려 주신 예수님의 이름으로 기도할 것입니다.

52일 동안 훈련된 기도의 자리가 52주가 되고 52년이 되어 우리 교회 주일학교가 견고하게 재건되기를 예수님의 이름으로 축복합니다.

_ **곽상학 목사** (다음세움선교회 대표, 안양제일교회 교육총괄)

교사의 기도로
주일학교가 살아났다는 소식이 곳곳에서 들리길

중고등부 학생들의 개학을 앞두고 3일간 특별 새벽 기도회를 준비하는데 '아이들이 얼마나 올까? 청소년 아이들의 특별 새벽 기도회가 가능할까?' 하는 여러 걱정이 밀려왔습니다. 그런데 기도회가 시작하는 날, 저의 지극히 인간적인 생각을 하나님이 완전히 뒤집어 주셨습니다. 예배 시간 30분 전부터 임원들과 찬양팀, 안내팀이 밝은 표정으로 나타났습니다. 그리고 곧 중고등부실을 꽉 채운 아이들이 두 손을 들고 찬양하며 예배를 시작했습니다.

"목사님, 기도하니까 개학 준비가 더 잘 되는 것 같아요!"
"하나님이 저를 만나 주신 것 같아요!"

새벽기도를 마친 아이들의 생명력 있는 반응은 오히려 부족한 목사의 믿음을 깨워 주었고, 주일학교 교사들에게 영적인 도전을 주었습니다. 그리고 이 사건은 전 교인의 기도 손을 모으게 하는 계기가 되었습니다.

우리가 살아가는 이 시대에도 주일학교의 부흥(Revival, 다시 살아남)이 가능할까요? 그 답은 기도에 있습니다. 기도의 자리마다 하나님이 함께하시고, 놀라운 일을 나타내실 겁니다.

"여호와여 내가 주께 대한 소문을 듣고 놀랐나이다 여호와여 주는 주의 일을 이 수년 내에 부흥하게 하소서 이 수년 내에 나타내시옵소서 진노 중에라도 긍휼을 잊지 마옵소서"(합 3:2).

하박국은 회개와 기도로 하나님의 영광과 찬송이 하늘을 덮는 부흥의 역사를 보았습니다. 우리가 기도하며 하나님의 긍휼을 간절히 구할 때 주일학교의 부흥을 보게 될 것입니다.
'주일학교를 위한 기도'란 무엇일까요? 다음 세대가 하나님의 살아 계심을 볼 수 있도록 다리를 놓아 주는 시간입니다. 교사의 사명을 확신하며, 나에게 맡겨 주신 한 영혼을 사랑하는 시간입니다. 『주일학교를 세우는 52일 교사 기도 챌린지』를 통해 교사인 여러분이 먼저 하나님을 깊이 만나시길 바랍니다. 그리고 우리의 기도로 한국교회의 주일학교가 다시 살아났다는 소식이 곳곳에서 들리길 간절히 소망합니다.

_ 이도복 목사 (충신교회 교육총괄)

CONTENTS

추천의 글 **8**
프롤로그 **14**

교사의 사명이 세워지길 기도합니다

01일	하나님이 부르신 교사	28
02일	예수님의 제자로 삼아 주신 교사	30
03일	목자를 따르는 교사	32
04일	하나님의 자녀인 교사	34
05일	청지기로 세워진 교사	36
06일	하나님을 사랑하는 교사	38
07일	하나님의 음성을 듣는 교사	40

믿음의 주일학교를 키워요 1
사랑이면 될까? 사랑이면 충분하다! **42**

교사가 먼저 행복하길 기도합니다

08일	심령이 가난한 교사	46
09일	애통하는 교사	48
10일	온유한 교사	50
11일	의에 주리고 목마른 교사	52
12일	긍휼히 여기는 교사	54
13일	마음이 청결한 교사	56
14일	화평하게 하는 교사	58
15일	의를 위하여 살아가는 교사	60

믿음의 주일학교를 키워요 2

경청, 예수님의 마음을 품어요   62

아이들의 가정과 학업 환경이 평안하길 기도합니다

16일 ǀ	감사와 기쁨이 넘치는 가정	66
17일 ǀ	서로를 사랑하는 가정	68
18일 ǀ	믿음으로 사는 가정	70
19일 ǀ	부모님께 순종하는 가정	72
20일 ǀ	고난 중에도 흔들리지 않는 가정	74
21일 ǀ	지혜를 배우는 학교	76
22일 ǀ	우정을 나누는 학교	78
23일 ǀ	서로를 사랑하는 학교	80
24일 ǀ	기도할 수 있는 학교	82

믿음의 주일학교를 키워요 3

감당하기 어려운 아이가 있어요   84

아이들의 영혼에 믿음이 심기길 기도합니다

25일	예수님을 만나는 주일학교	88
26일	예수님의 성품을 닮는 주일학교	90
27일	하나님이 주신 꿈을 발견하는 주일학교	92
28일	은혜를 경험하는 주일학교	94
29일	세상에서 승리하는 주일학교	96
30일	선악을 분별하는 주일학교	98
31일	평강을 누리는 주일학교	100

믿음의 주일학교를 키워요 4

교사를 그만두고 싶어요   102

하나님을 사랑하고 서로를 사랑하는 주일학교가 되길 기도합니다

32일 ㅣ	거룩한 열정으로 예배하는 주일학교	**106**
33일 ㅣ	한 몸이 되는 주일학교	**108**
34일 ㅣ	공과 시간이 말씀의 잔치가 되는 주일학교	**110**
35일 ㅣ	서로 사랑하는 주일학교	**112**
36일 ㅣ	기쁨과 감사가 가득한 주일학교	**114**
37일 ㅣ	축복의 통로로 쓰임 받는 주일학교	**116**
38일 ㅣ	온 성도의 사랑을 받는 주일학교	**118**

믿음의 주일학교를 키워요 5

교사하면 행복한가요?　　　　　　　　　　　**120**

우리 교회 주일학교가
다 함께 성장하길 기도합니다

39일	하나님의 사랑이 넘치는 영아부	**124**
40일	믿음의 자녀로 성장하는 유아부	**126**
41일	예수님의 성품을 닮는 유치부	**128**
42일	감사와 찬양이 가득한 유년부	**130**
43일	하나님을 경외하는 초등부	**132**
44일	하나님 나라의 비전을 꿈꾸는 중고등부	**134**
45일	견고한 믿음 위에 서는 청년부	**136**

믿음의 주일학교를 키워요 6

교회의 미래를 바꿔요!   138

신앙이 성장하는
성경학교(수련회)가 되길 기도합니다

46일	은혜에 집중하는 성경학교	142
47일	예배의 기쁨이 회복되는 성경학교	144
48일	말씀으로 살아나는 성경학교	146
49일	성령의 열매를 맺는 성경학교	148
50일	부흥을 경험하는 성경학교	150
51일	안전하고 평안한 성경학교	152
52일	서로를 섬기는 성경학교	154

교사의 사명이 세워지길
기도합니다

년 월 일

하나님이 부르신 교사

"예수께서 이르시되 나를 따라오라
내가 너희로 사람을 낚는 어부가 되게 하리라 하시니"(막 1:17).

사랑의 하나님,
부족한 저를 생명을 양육하는 교사로 불러 주시고
귀한 아이들의 영혼을 맡겨 주셔서 감사합니다.
말씀을 의지하여 기도하며
주님이 주신 교사의 사명을 잘 감당하게 하소서.

이 시간 용기를 내어
예수님의 선하심과 인자하심을 바라봅니다.
제자들을 끝까지 신뢰하고 사랑하며 섬기셨던
예수님을 닮은 교사가 되게 하시고,
하나님의 은혜를 힘입어 사랑으로
우리 반 영혼들을 돌보게 하소서.

한 영혼을 천하보다 귀하게 여기시는
주님의 마음을 품길 원합니다.
날마다 새로운 열정을 부어 주셔서
풍성한 기도와 말씀으로 아이들을 양육하게 하시고,
지혜와 은혜를 부어 주셔서
아이들을 향한 하나님의 비전을 발견하게 하소서.

사랑의 음성으로 교사로 불러 주신
예수님의 이름으로 기도합니다. 아멘.

오늘의 한 줄 기도

예수님의 제자로 삼아 주신 교사

"오직 성령이 너희에게 임하시면 너희가 권능을 받고
예루살렘과 온 유대와 사마리아와 땅끝까지 이르러
내 증인이 되리라 하시니라"(행 1:8).

구원의 하나님, 저를 제자로 삼아 주시고
복음을 증거 하도록 교사로 불러 주시니 감사합니다.
추수할 것은 많지만 일꾼이 적다고 근심하신
예수님의 마음을 깨닫고
추수할 일꾼이 되어 주님의 마음을 시원하게 해 드리는
교사가 되게 하소서.

맡겨 주신 아이들의 영혼을 포기하지 않고
끝까지 돌보는 사명을 감당하길 원합니다.
모든 민족을 제자로 삼으라고 말씀하신
예수님의 명령을 기억하며,
나의 지식과 경험을 내려놓고
성령을 의지하여 은혜를 전하게 하소서.

이 세대가 악하고,
주님을 모른다고 부인하는 사람이 많습니다.
예수님의 제자로 삼아 주신 저에게
견고한 믿음과 시대를 분별하는 지혜를 부어 주셔서
마침내 이 땅에서 승리하게 하소서.

우리를 제자로 삼아 주신
예수님의 이름으로 기도합니다. 아멘.

오늘의 한 줄 기도

03일

년 월 일

목자를 따르는 교사

"맡은 자들에게 주장하는 자세를 하지 말고 양 무리의 본이 되라
그리하면 목자장이 나타나실 때에
시들지 아니하는 영광의 관을 얻으리라"(벧전 5:3-4).

양 무리의 선한 목자이신 하나님,
양과 같이 우둔하고 연약한 저를 택하여
교사로 세워 주시니 감사합니다.
모든 것에 부족함이 없게 하시고
날마다 쉴 만한 물가로 인도하시며
영혼을 소생시켜 주심도 감사합니다.

인생에서 사망의 음침한 골짜기가 찾아올지라도
두려워하지 않고
목자이신 하나님의 음성을 듣게 하시고,
우리 모든 죄악을 담당하신 예수님을 바라보며
십자가의 길로 돌아오도록
주의 지팡이로 이끌어 주소서.

주님이 사랑하시는 양들을 맡겨 주셨으니
목자의 심정을 더욱 알아 가게 하소서.
주장하기 전에 한 번 더 인내하고
판단하기 전에 사랑의 마음에 비춰 보며
뒤따를 만한 본을 보이는 교사가 되게 하소서.
그리하여 예수님이 부르실 때
아름다운 영광의 관을 받게 하소서.

양 무리의 본이신
예수님의 이름으로 기도합니다. 아멘.

오늘의 한 줄 기도

하나님의 자녀인 교사

"하늘로부터 소리가 나기를
너는 내 사랑하는 아들이라 내가 너를 기뻐하노라 하시니라"(막 1:11).

한없는 사랑을 베푸시는 하나님,
독생자 예수님을 이 땅에 보내 주시고,
사랑으로 구원해 주시니 감사합니다.
저를 하나님의 자녀로 삼아 주시고
성령의 능력으로 덮어 주셔서
삶의 순간마다 세밀하게 보호해 주심을 찬양합니다.

하나님의 음성을 듣고
끝까지 사명을 감당하신 예수님을 닮기 원합니다.
"너는 나의 사랑하는 자녀다"라는
주님의 음성을 선명하게 듣고,
부르신 교사의 자리에서
날마다 새 힘과 기쁨을 얻게 하소서.

반 아이들에게 말씀을 가르치며
하나님이 행하신 놀라운 일들을 증거할 때
성령님이 친히 함께해 주시길 원합니다.
입술을 주장해 주시고,
제가 먼저 말씀에 감동하여
예수님 한 분만으로 충분함을 확신하게 하소서.

우리를 자녀로 부르신
예수님의 이름으로 기도합니다. 아멘.

오늘의 한 줄 기도

05일   년   월   일

청지기로 세워진 교사

"각각 은사를 받은 대로 하나님의 여러 가지 은혜를 맡은 선한 청지기같이
서로 봉사하라 만일 누가 말하려면 하나님의 말씀을 하는 것같이 하고
누가 봉사하려면 하나님이 공급하시는 힘으로 하는 것같이 하라"(벧전 4:10-11상).

각양의 좋은 은사를 주시는 하나님,
날마다 풍성한 은혜를 베풀어 주시고
기쁨을 허락해 주시니 감사합니다.
저의 노력과 의지가 아닌
하나님이 공급해 주시는 힘과 능력으로
교사의 직분을 감당하게 하소서.

귀한 다음 세대를 저에게 맡겨 주시고,
그들을 향한 하나님의 비전을
함께 꿈꾸게 하시니 감사합니다.
무엇보다 행복한 교사가 되게 하시고
우리 반 아이들의 믿음의 고백이
하나님의 격려로 들리는 감격을 때마다 허락하소서.

하나님의 말씀을 맡겨 주셨으니
말과 행동에서 주님을 선명하게 드러내며
삶을 통해 예수님의 향기를 흘려보내게 하소서.
인생의 경험과 판단을 전하는 교사가 아니라
하나님의 말씀을 전하는 교사가 되도록 지혜를 주소서.

하늘의 은혜를 공급하시는
예수님의 이름으로 기도합니다. 아멘.

오늘의 한 줄 기도

하나님을 사랑하는 교사

"그들이 조반 먹은 후에 예수께서 시몬 베드로에게 이르시되
요한의 아들 시몬아 네가 이 사람들보다 나를 더 사랑하느냐 하시니
이르되 주님 그러하나이다 내가 주님을 사랑하는 줄 주님께서 아시나이다
이르시되 내 어린 양을 먹이라 하시고"(요 21:15).

사랑하는 주님,
주님께 사랑을 고백하는 베드로에게
"내 양을 먹이라, 내 양을 치라, 내 양을 먹이라"
라고 다시 사명을 주셨던 것처럼
자격 없는 저에게
한없는 사랑과 은혜를 부어 주시고
사랑의 음성을 들려 주시니 감사합니다.

"요한의 아들 시몬아 네가 이 사람들보다 나를 더 사랑하느냐?"
라는 예수님의 물음에
"네 주님, 제가 주님을 사랑하는 줄 주님이 아십니다"
라고 대답한 베드로의 말이 제 마음이 되게 하소서.

또한 사랑의 은사를 부어 주셔서
오래 참으며, 온유하며,
자기의 유익을 구하지 않으며,
성내지 않으며, 모든 것을 참으며,
모든 것을 믿으며, 모든 것을 바라며,
모든 것을 견디는 교사가 되게 하소서.

변함없이 사랑을 부어 주시는
예수님의 이름으로 기도합니다. 아멘.

오늘의 한 줄 기도

하나님의 음성을 듣는 교사

"내가 또 주의 목소리를 들으니 주께서 이르시되
내가 누구를 보내며 누가 우리를 위하여 갈꼬 하시니
그때에 내가 이르되 내가 여기 있나이다 나를 보내소서 하였더니"(사 6:8).

질서의 하나님,
어지럽고 혼란한 세상에서도
진리의 빛으로 우리를 새롭게 하시고
거룩하고 올바른 길로 인도하시니 감사합니다.
부족한 저를 사용해 주시길 원합니다.
생명의 길을 알지 못해 방황하는 사람들을 인도할
한 사람을 찾으시는 하나님의 음성이
저에게 선명하게 들리게 하소서.

저를 아이들에게 보내 주소서.
잘못된 가치관과 세계관이
우리 아이들의 생각과 삶을
흔들지 못하도록 진리를 전하게 하소서.

죽음의 고통에서 방황하는 자녀들을
옳은 데로 돌이킬 수 있도록
거룩하고 순결한 영을 주시고,
하나님의 말씀을 삶으로 보여 줄 수 있도록
지혜와 능력을 넘치게 부어 주소서.

말씀을 전할 한 사람을 찾으시는
예수님의 이름으로 기도합니다. 아멘.

오늘의 한 줄 기도

믿음의 주일학교로 키워요 1

사랑이면 될까? 사랑이면 충분하다!

초등학교 6학년 때 저(이도복)의 교회학교 선생님은 아주 훌륭한 분이었습니다. 어린 시절 매우 소심하고 사람들 앞에 서기를 두려워했던 저에게 선생님은 늘 "넌 충분히 할 수 있어. 한번 해 보면 어떨까?"라고 말씀하시며 용기를 북돋아 주셨습니다. 그리고 저는 지금 많은 사람 앞에서 하나님의 말씀을 담대히 전하는 목사가 되었습니다. 한 선생님의 따뜻한 사랑과 격려가 한 사람에게 심겨 열매를 맺은 것입니다.

교회에서 중고등부 아이들을 대상으로 '예배·공과 만족도 설문 조사'를 했습니다. 예배에 만족한다는 학생이 51%, 공과에 만족한다는 학생이 48%였습니다. 설문 조사의 결과만 보면 교사로서 절망감이 들지 모르지만, 아이들의 교사 만족도는 70%였습니다. 학생들이 공과에 만족하는 이유 1위도 '선생님이 사랑과 관심으로 가르쳐 주시기 때문'이었습니다. 아이들에게 교사의 사랑과 관심이 필요하다는 사실을 보여주는 결과입니다.

지금 우리에게 찾아온 아이들은 예수님을 만나야 하는 아이들입니다. 그래서 우리는 아이들에게 더 많은 사랑을 나눠야 합니다. 우리가 만나는 아이 중에는 아침에 늦잠을 자서 엄마에게 혼난 아이, 사는 지역이 달라서 교회에 친구가 없는 아이, 예배를 마치자마자 바로 학원에 가야 하는 아이, 앞으로도 계속 교회에 올지를 고민하는 아이들이 있을지 모릅니다. 이런 아이들에게 더 많은 감동을 표현하여 아이들이 마음의 문을 열 수 있도록 도와주어야 합니다.

우리가 무엇을 보고 감탄할 때 "우와!"라는 말을 자주 사용합니다. 하나님이 천지를 창조하시고 "보시기에 심히(아~~주) 좋았더라!" 감탄하신 것처럼, 우리도 아이들에게 감탄의 칭찬을 아낌없이 해 주어야 합니다.

"우와! 예배에 나와 줘서 정말 고마워."
"우와! 지난주보다 더 멋있어졌네!"
"우와! 선생님은 널 보면 정말 행복해."
"우와! 우~와! 우~~와!"

우리가 아이들의 존재에, 아이들의 신앙에 감탄할 때 우리 아이들은 사랑을 느낄 것입니다. 그리고 머지않아 아이들이 선생님을 보며 감탄할 날이 올 것입니다.

"우와! 선생님이 계셔서 정말 행복해요"

교사가 먼저 행복하길
기도합니다

08일 년 월 일

심령이 가난한 교사

"심령이 가난한 자는 복이 있나니 천국이 그들의 것임이요"(마 5:3).

참된 복과 은혜를 베풀어 주시고
천국의 놀라운 비밀을 가르쳐 주신
예수님, 감사합니다.
사라질 것에 소망을 두지 않고
이 땅에 이루실 하나님 나라를 꿈꾸는
심령이 가난한 교사가 되게 하소서.

세상 사람들이 하나님의 도우심 없이
살아갈 수 있다고 외치며
자신이 믿는 것을 최고의 가치로 여길지라도,
내 영혼은 하나님이 간절히 필요함을
고백하게 하소서.
하나님 한 분만으로 만족하게 하소서.

스스로 겸비하는 교사로 세워 주시고
하나님을 위해 택할 것과 버릴 것을
담대하게 결단하는 믿음을 주시길 원합니다.
가난한 마음으로 주일학교를 섬기며
더 위대한 가치와 진리를 전할 수 있도록
풍성한 은총을 더하여 주소서.

천국의 복을 주신
예수님의 이름으로 기도합니다. 아멘.

오늘의 한 줄 기도

애통하는 교사

"애통하는 자는 복이 있나니 그들이 위로를 받을 것임이요"(마 5:4).

상한 마음을 회복시키시는 하나님,
상처 있는 자들의 마음을 살피시는
주님을 바라봅니다.
매번 다짐하고 새롭게 결심하면서도
반복하여 죄짓는 저의 모습을
긍휼히 여겨 주소서.

죄가 가득한 세상이지만
하나님의 신실하심으로 결국 승리하게 될 것을 믿으며
아픔도, 슬픔도, 눈물도 없는
영원한 천국을 바라보길 원합니다.
세상의 악을 보며 걱정하고 탄식하기보다
기도의 손을 모으게 하시고
안타까운 현실에 무기력하게 억눌리지 않게 하소서.

눈물을 닦아 주시는 예수님의 마음을 닮아
세상에서 상처 입은 우리 반 아이들의 마음을
안아 주게 하시고,
다시 회복되어 주님의 사랑에 안기는 아이들을 보며
큰 기쁨을 얻게 하소서.

참 위로자이신
예수님의 이름으로 기도합니다. 아멘.

오늘의 한 줄 기도

년　월　일

온유한 교사

"온유한 자는 복이 있나니 그들이 땅을 기업으로 받을 것임이요"(마 5:5).

온유하시고 겸손하신 예수님,
자신을 비우시고
모든 것을 내어 주신 사랑에 감사합니다.
예수님의 온유함을 닮아
맡겨진 아이들에게 하나님의 선하심을
증거하도록 인도하소서.

자신의 권리만 주장하는 시대이지만,
하나님의 뜻을 기다리며
온유한 자가 누리는 참 복이 무엇인지
아이들에게 보여 주는 교사가 되길 원합니다.
새 하늘과 새 땅의 구원 소식을 널리 전하는
온유한 교사로 세워 주소서.

아픔을 겪는 아이들의 마음에 공감할 수 있도록
넓은 마음을 주시고
연약한 아이들을 안아 줄 수 있도록
넉넉한 품을 주소서.
상처 난 아이들의 마음과 생각에
은혜의 연고를 발라 주셔서
상처가 회복되고 새살이 돋아나는
감격이 임하게 하소서.

온유와 관용으로 우리를 돌보시는
예수님의 이름으로 기도합니다. 아멘.

오늘의 한 줄 기도

의에 주리고 목마른 교사

"의에 주리고 목마른 자는 복이 있나니 그들이 배부를 것임이요"(마 5:6).

공의와 정의의 하나님,
갈급한 우리에게 친히 찾아와 주시고
의를 선포해 주심을 찬양합니다.
하나님의 공의와 정의가
이 땅에서도 이루어지게 하소서.

하나님을 향한 믿음과 사랑의 고백이
흔들리지 않으며,
반석 위에 세운 삶의 유산을 물려주는
교사가 되길 원합니다.
삶의 우선순위를 올바로 세워
하나님 나라와 의를 구하며
온전히 주님께 나의 전부를 드리게 하소서.

세상의 것들로 행복을 채울 수 있다는
거짓된 유혹에 속지 않고
예수님만으로 만족하며
영적인 부요함과 풍성함을
평생 경험하는 교사가 되게 하소서.

의의 재판장이신
예수님의 이름으로 기도합니다. 아멘.

오늘의 한 줄 기도

12일

긍휼히 여기는 교사

"긍휼히 여기는 자는 복이 있나니 그들이 긍휼히 여김을 받을 것임이요"(마 5:7).

인자하시고 긍휼하신 하나님,
사랑하는 우리 반 아이들의 삶에
아픔과 눈물이 스며들어 있습니다.
교사인 저에게 긍휼한 마음을 부어 주셔서
아이들의 아픔을 보듬는
긍휼한 마음이 넘치는 교사가 되게 하소서.

우리 반 아이들이 고통 속에서 있을지라도
눈을 들어 함께하시는 하나님을 바라보길 원합니다.
아이들이 자신의 눈물을 닦아 줄 분이
누구이신지 깨닫게 하시고,
말할 수 없는 탄식으로
우리를 위해 친히 간구하시는 성령님과
날마다 동행하게 하소서.

알 수 없는 무기력과 낙심으로 인해
일어나기 힘든 순간에도
다시금 하나님께 부르짖으며
새로운 힘과 능력을 얻게 하소서.

우리와 함께 울어 주시는
예수님의 이름으로 기도합니다. 아멘.

오늘의 한 줄 기도

마음이 청결한 교사

"마음이 청결한 자는 복이 있나니 그들이 하나님을 볼 것임이요"(마 5:8).

구속자이시며 거룩하신 하나님,
하나님의 자녀다운 교사가 되길 원합니다.
저의 죄가 주홍 같을지라도
눈과 같이 희게 하시고
진홍같이 붉을지라도 양털같이 희게 하소서.

예수님의 보혈로 정결하게 하셔서
하나님을 가까이하는 은혜와 복을
풍성히 누리게 하소서.
비난하는 마음과 낮은 자존감과
부정적인 언어들을 바꿔 주시고,
생명의 말로 아이들을 세워 주는
믿음의 교사가 되게 하소서.

사랑하는 우리 반 아이들에게
순수하고 청결한 마음을 주소서.
하나님이 택하신 백성으로
긍휼과 자비와 겸손과 오래 참음을 입고
중심을 보시는 하나님을 날마다 의식하며
거짓 없는 진실한 성품으로
하나님께 영광 돌리게 하소서.

정결하고 순결하신
예수님의 이름으로 기도합니다. 아멘.

오늘의 한 줄 기도

년 월 일

화평하게 하는 교사

"화평하게 하는 자는 복이 있나니
그들이 하나님의 아들이라 일컬음을 받을 것임이요"(마 5:9).

평화의 왕이신 하나님,
참 평화가 무엇인지 깨닫고
풍성한 화평을 누리게 하시니 감사합니다.
저를 평화의 도구로 사용하여 주소서.
하나님의 뜻을 위해서라면
불의를 두려워하지 않고, 손해를 걱정하지 않는
담대한 교사가 되게 하소서.

우리가 살아가는 세상은
하나님과 우리 사이를 멀어지게 하고
이웃과 갈등하게 합니다.
그러나 저에게 아이들의 아픈 마음을 볼 수 있는
넓은 시야를 주셔서
도움이 필요한 아이들에게 손을 내밀게 하소서.

맡겨진 아이들의 필요를 살피며
주님의 사랑을 기쁘게 흘려보낼 수 있도록
사랑을 부어 주시고,
절제와 인내로 화평한 교사가 되게 하소서.

우리를 하나님과 화평하게 하신
예수님의 이름으로 기도합니다. 아멘.

오늘의 한 줄 기도

의를 위하여 살아가는 교사

"의를 위하여 박해를 받은 자는 복이 있나니 천국이 그들의 것임이라"(마 5:10).

질서의 하나님, 무질서한 세상에서
진리를 보여 주시고 옳은 길로
돌아오도록 인도해 주시니 감사합니다.
고난이 찾아올지라도
하나님을 볼 수 있는 눈을 주시고
주님의 손을 붙잡고 걸어가도록 힘을 주소서.

말씀을 따라 이 땅을 살아가는 것이
때로는 두렵고 혼란스럽지만,
결국 말씀이 우리를 승리로 이끌 것을 믿기에
오늘도 한 걸음씩 나아갑니다.
말씀을 따르는 삶이 가장 선함을 증거하며
예수님을 자랑하는 교사가 되게 하소서.

하나님의 의를 묵묵히 따라갈 때
오늘 허락하시는 천국을 선명하게 보여 주소서.
세상의 소금과 빛이 되는 일을 삶의 목적과 이유로 삼고
아이들 앞에서 신실하게 살아냄으로
예수님의 이름을 증거하는 아름다움을 맛보게 하소서.

하나님의 의를 위해 십자가 고난을 당하신
예수님의 이름으로 기도합니다. 아멘.

오늘의 한 줄 기도

믿음의 주일학교로 키워요 2

경청, 예수님의 마음을 품어요

　미국 스탠퍼드대학교 교육대학원의 부학장이자 교육공학자인 폴 김 교수는 『교육의 미래 티칭이 아니라 코칭이다』라는 책에서 "좋은 교사와 부모는 가르치지 않는다"라고 말했습니다. 주일학교 교육에서 말씀을 잘 가르치는 티칭도 중요하지만, 배우는 사람이 살아나는 코칭 교육도 필요하다고 생각합니다.

　코칭에 있어서 핵심적인 시작은 바로 경청(傾聽)입니다. 특별히 '들을 청(聽)'이라는 글자는 '임금님(王)의 귀(耳)와 열(十) 개의 눈(目)으로 집중하여 한마음(一心)으로 듣는다'라는 의미를 담고 있습니다. 경청은 온 마음을 다해 상대방에게 집중하는 인간관계의 기본 원리입니다.

　우리 주일학교는 아이들의 말을 경청하고 있나요? 아이들이 자기 생각을 표현할 기회가 많이 있나요?

　한국교회의 공과 시간은 평균 약 20분 정도인데 이 짧은 시간에 출석 체크도 하고, 안부도 확인하고, 말씀도 효율적으로 먹이려다 보니, 선생님의 일방적인 가르침이 주가 되고 있습니다. 아이들은 공과 시간에 거의 말을 하지 않습니다. 대답만 잘해 줘도 고마운 일입니다.

　청소년이 어른들과 대화하기 어려워하는 이유는 무엇일까요? 그 이유는 어른들이 아이들의 이야기를 들어 주지 않기 때문입니다. 아이들은 자신의 편이 되어 주기를 원하며 말하는데, 어른들은 정답을 주고 싶은 마음에 아이들이 충분히 이야기할 틈을 주지 않습니다. 우리는 아이들의 이야기를 들을 때, 경청하고 있다는 것을 온몸과 표정으로 보여 주어야 합니다. 아이들이 하는 이야기를 이미 다 알고 있다는 태도로 들으면 학생과의 관계가 수직적인 관계로 형성되기 쉽습니다.

경청은 결국 내가 섬기는 영혼을 귀하게 여기시는 예수님의 마음을 품는 것입니다. 예수님은 낮은 자들의 이야기를 들어 주셨습니다. 어린아이들이 가까이 오는 것을 막지 않으셨고, 안아 주시고 축복해 주시며 존중해 주셨습니다. 또한, 성경에는 하나님이 우리의 기도를 들으시고 응답하신다는 표현이 넘쳐납니다. 하나님은 우리의 기도를 들으시고 우리의 탄식에 귀 기울이시는 주님이십니다.

경청이 살아나면 주일학교가 살아나고 아이들의 영혼도 살아날 것입니다. 서로의 이야기를 듣지 않으려고 하는 시대에서 경청은 아이들을 살리는 통로가 될 것입니다.

"여호와께서 내 음성과 내 간구를 들으시므로 내가 그를 사랑하는도다 그의 귀를 내게 기울이셨으므로 내가 평생에 기도하리로다"(시 116:1-2).

아이들의 가정과 학업 환경이
평안하길 기도합니다

16일

년 월 일

감사와 기쁨이 넘치는 가정

"새 계명을 너희에게 주노니 서로 사랑하라
내가 너희를 사랑한 것같이 너희도 서로 사랑하라"(요 13:34).

모든 가정의 주인이신 하나님,
사랑하는 우리 반 아이들의 가정이
화목하길 원합니다.
감사와 기쁨이 넘치는
은혜의 가정이 되게 하소서.

아이들의 가정에 예배를 세워 주셔서
하나님이 통치하시는
거룩한 가정이 되게 하시고,
아이들이 가정 안에서 믿음이 성장하고
기도의 열정이 회복되어
하나님 나라를 더욱 꿈꾸게 하소서.

아이들이 믿음의 가정에서
서로를 위해 기도하며
기도의 응답을 경험하길 원합니다.
각 가정이 기도의 능력을 깨닫게 하시고
성령님의 보호하심을 받는 가정,
믿음 위에 굳게 서는 가정이 되게 하소서.

모든 가정을 다스리시는
예수님의 이름으로 기도합니다. 아멘.

오늘의 한 줄 기도

년 월 일

17일

서로를 사랑하는 가정

"너희도 각각 자기의 아내 사랑하기를 자신같이 하고 아내도 자기 남편을 존경하라"(엡 5:33).

사랑의 하나님,
아이들이 하나님이 허락하신 가족을 기뻐하며
자신의 가족이 하나님이 주신
귀한 선물임을 깨닫길 원합니다.
아이들의 가정에 서로를 존중하는 마음과
인정하는 마음을 주소서.

아이들의 가족이 서로의 단점을 지적하지 않고,
감정을 가볍게 여기지 않으며,
이해하고 공감하게 하소서.
서로를 높여 주고 격려하며
서로에게 큰 힘이 되는 가정,
축복의 언어가 가득한 가정이 되게 하소서.

아이들이 세상에서 힘든 일을 겪을지라도
가정에서 온전한 회복과 치유를 경험할 수 있도록
사랑이 넘치는 복된 가정이 되게 하시고,
시냇가에 심은 나무 같은 가정이 되어
성령의 열매를 많이 맺도록 은혜를 더하여 주소서.

우리를 귀하게 여기시는
예수님의 이름으로 기도합니다. 아멘.

오늘의 한 줄 기도

믿음으로 사는 가정

"네 자녀에게 부지런히 가르치며
집에 앉았을 때에든지 길을 갈 때에든지 누워 있을 때에든지 일어날 때에든지
이 말씀을 강론할 것이며"(신 6:7).

사랑과 지혜가 풍성하신 하나님,
우리 반 아이들의 가정에 믿음을 부어 주소서.
지식에 절제를, 절제에 인내를,
인내에 경건을, 경건에 형제 우애를,
형제 우애에 사랑을 더하는
생명력이 넘치는 가정으로 인도하소서.

아이들의 가정이
세상의 악한 풍조에 휩쓸리지 않고
길과 진리와 생명이신 예수님을 따라 살며
믿음의 여정을 걷는 아름다운 가정이 되길 원합니다.
사건이 중심이 아니라 예수님이 중심이 되는
믿음의 가정이 되게 하소서.

우리 반 아이들이 가정 안에서
참된 신앙의 본을 보길 원합니다.
말씀을 따라 사는 삶이
얼마나 위대하고 가치 있는 삶인지
깨닫는 아이들이 되게 하소서.

믿음의 이유이신
예수님의 이름으로 기도합니다. 아멘.

오늘의 한 줄 기도

년 월 일

부모님께 순종하는 가정

"자녀들아 주 안에서 너희 부모에게 순종하라 이것이 옳으니라 네 아버지와 어머니를 공경하라 이것은 약속이 있는 첫 계명이니 이로써 네가 잘되고 땅에서 장수하리라"(엡 6:1-3).

은혜의 하나님, 사랑하는 우리 반 아이들이
하나님이 허락하신 귀한 가정에서
사랑과 보호를 받으며 자라게 하시니 감사합니다.
사랑하는 아이들의 가정에
대대로 복이 흐르게 하셔서
아브라함, 이삭, 야곱이 받았던
기업의 복을 받게 하소서.

아이들의 가정이
하나님을 사랑하고 이웃을 사랑하라는 말씀을 깨닫고
실천하는 가정이 되게 하셔서
하늘나라 백성들이 받는
특별한 은혜를 누리게 하소서.

우리 반 아이들이
부모님 말씀에 귀를 기울임으로
하나님의 말씀 앞에 엎드리는
자세를 배우길 원합니다.
순종과 지혜를 가볍게 여기지 않으며
하나님의 음성에 열린 마음으로 경청하는
마음을 갖게 하소서.

순종하심으로 십자가를 지신
예수님의 이름으로 기도합니다. 아멘.

오늘의 한 줄 기도

고난 중에도 흔들리지 않는 가정

"하나님은 우리의 피난처시요 힘이시니 환난 중에 만날 큰 도움이시라"(시 46:1).

고난 중에도 함께하시는 하나님,
사랑하는 우리 반 아이들의 가정이
하나님의 보호하심 아래에서 쉬며
믿음이 흔들리지 않길 원합니다.
각 가정을 사고와 질병으로부터 지켜 주시고
어려움을 극복할 수 있도록 믿음을 더하여 주소서.

유혹과 핍박이 몰려올지라도
피난처와 피할 바위이신 하나님을 찾으며,
담대한 믿음으로 하나님을 따르는
아이들의 가정이 되게 하소서.
고난의 터널을 지날 때
하나님의 일하심을 보며
신앙이 더욱 성숙해지게 하소서.

우리 반 아이들의 믿음의 눈을 열어 주셔서
가정이 겪는 문제보다
더 크고 강하신 하나님을 바라보게 하시고,
낙심하며 절망하지 않고
영적 전쟁에서 승리하게 하소서.

최후 승리를 얻게 하신
예수님의 이름으로 기도합니다. 아멘.

오늘의 한 줄 기도

지혜를 배우는 학교

"여호와를 경외하는 것이 지식의 근본이거늘
미련한 자는 지혜와 훈계를 멸시하느니라"(잠 1:7).

지혜의 근원이신 하나님,
우리 반 아이들의 믿음과 신앙이 자라게 하시며
어린이집과 유치원 생활,
초·중·고 12년의 학교생활을 통해
인생에 필요한 지식과
지혜를 배우게 하시니 감사합니다.

우리 반 아이들이 적성과 은사를 고려하며
하나님이 주신 재능을 발견하길 원합니다.
자신의 진로와 앞길을 하나님께 맡기며
하나님의 계획을 발견하게 하시고,
입시 경쟁으로 인해 학업에 어려움을 느끼기보다
협동하는 자세와 창의력을 기르며
학업의 흥미를 느끼게 하소서.

아이들에게 배움에 대한 열정과 호기심을 주시고
진리를 탐구하는 기쁜 마음도 주소서.
아직 하나님을 알지 못하는
이웃 아이들을 위해서도 기도합니다.
우리 반 아이들을 통해 복음이 흘러가며
하나님의 사랑이 전해지게 하소서.

우리의 지혜이신
예수님의 이름으로 기도합니다. 아멘.

오늘의 한 줄 기도

우정을 나누는 학교

"철이 철을 날카롭게 하는 것같이
사람이 그 친구의 얼굴을 빛나게 하느니라"(잠 27:17).

배움과 성장의 기회를 열어 주신 하나님,
사랑하는 우리 반 아이들이
친구를 사귀게 하심에 감사합니다.
학교와 학원에서 오랜 시간을 보내는 아이들이
친구들과 좋은 우정을 나누며
바르게 성장하게 하소서.

우리 반 아이들이 친구들을
경쟁상대로 생각하지 않길 원합니다.
서로의 장점을 발견하며
다윗과 요나단처럼 서로를 세워 주게 하시고
서로에게 기댈 수 있는 사이가 되게 하소서.

사랑하는 아이들이
한 영혼도 소중히 여기시는
하나님의 마음을 깨닫게 하소서.
친구들 사이에
복음을 전하는 사람으로 세우신
하나님의 뜻을 깨닫게 하시고,
하나님이 주신 마음을 나누게 하소서.

우리를 친구로 불러 주신
예수님의 이름으로 기도합니다. 아멘.

오늘의 한 줄 기도

23일

년 월 일

서로를 사랑하는 학교

"친구는 사랑이 끊어지지 아니하고
형제는 위급한 때를 위하여 났느니라"(잠 17:17).

우리를 있는 모습 그대로
사랑하시는 하나님,
우리 반 아이들이 자신의 외모뿐만 아니라
다른 사람들의 겉모습을 쉽게
평가하지 않길 원합니다.
하나님이 우리를 있는 모습 그대로
사랑해 주시는 것처럼
우리도 우리의 이웃을 있는 모습 그대로
존중하며 사랑하게 하소서.

아이들이 누군가를 따돌리거나
괴롭히지 않게 하시고,
악한 말과 행동으로 다른 사람의 마음에
상처를 주지 않게 하소서.

아이들이 있는 곳에
거짓이나 음란, 중독, 폭력 같은
악의 문화들이 사라지게 하시고
아이들이 가는 곳마다
생명이 살아나고, 행복이 넘치게 하소서.

우리를 끝까지 사랑하시는
예수님의 이름으로 기도합니다. 아멘.

오늘의 한 줄 기도

24일   년   월   일

기도할 수 있는 학교

"보라 형제가 연합하여 동거함이 어찌 그리 선하고 아름다운고"(시 133:1).

사랑하는 우리 반 아이들의 삶에
늘 함께하시는 하나님,
삶이 예배가 되는 아이들이 되길 원합니다.
아이들이 학교에서도 생명력을 가지고
하나님을 예배하는 예배자로 일어나게 하소서.

학교에서도 기도하는 아이들이 되게 하시고,
믿음의 친구들과 함께
기도하는 모임을 만들 수 있도록 용기를 주소서.
하나님을 믿는 선생님도 만나게 하셔서
학교에서도 아이들의 신앙 성장을 돕는 손길이
끊이지 않게 하소서.

기도의 동역자들을 통해서
아이들의 신앙이 성숙해지고,
성령 충만한 학교생활을 하길 원합니다.
기도하는 아이들의 모습을
기쁘게 여겨 주시고
더 큰 은혜로 채워 주소서.

복음 안에서 연합하게 하시는
예수님의 이름으로 기도합니다. 아멘.

오늘의 한 줄 기도

믿음의 주일학교로 키워요 3

감당하기 어려운 아이가 있어요

하나님이 맡겨 주신 우리 반 아이들의 모습은 어떤가요? 모범적이고, 집중을 잘하고, 하나를 알려 주면 열을 깨닫고, 선생님의 말에 잘 순종하나요? 아니면 집중력이 약하고, 자주 늦고, 선생님을 다양한 방법으로 곤란하게 하나요? 좋은 아이들을 맡게 해 달라고 했던 기도가 응답 되지 않은 걸까요? 아닙니다. 하나님이 귀한 사명을 하필이면(?) 나에게 맡기신 것입니다.

제(이도복)가 만났던 한 아이는 교회에 들어올 때부터 집에 갈 때까지 내내 핸드폰 게임을 하는 아이였습니다. 그리고 어느 날, 게임에 몰두하고 있는 그 아이를 보는데 화가 치밀어 올랐습니다. 게임만 할 거면 다른 아이들의 예배에 방해라도 안 되게 차라리 교회에 나오지 않았으면 하는 마음까지 들었습니다. 그런데 하나님이 이런 황당한 생각을 하는 저에게 이렇게 말씀하시는 것 같았습니다.

"저 아이가 왜 그러는지, 저 아이의 마음이 어떤지 알고 있느냐?"

저는 그 아이의 등짝을 한 대 때려 주고 싶은 마음만 가득했지, 정작 그 아이의 마음을 들여다보지 않고 있었습니다. 그 후 하나님 앞에서 회개하며 여러 번 그 아이와 대화를 시도한 끝에, 마침내 그 아이의 이야기를 들을 수 있었습니다. 그 아이는 부모님을 따라서 아주 먼 거리에 있는 교회로 오다 보니 이른 아침부터 일어나 부모님과 전쟁을 치르며 겨우겨우 교회에 오고 있었고, 교회 안에 친구가 한 명도 없었습니다. 그래서 매주 혼자 속상한 마음으로 핸드폰만 붙들고 있었던 것입니다. 저는 이 사실을 알자마자 각 부서에 교사와 학생, 학생과 학생의 친밀도를 높이는 예배 프로그램과 공과를 진행했습니다.

"그는 시냇가에 심은 나무가 철을 따라 열매를 맺으며 그 잎사귀가 마르지 아니함 같으니 그가 하는 모든 일이 다 형통하리로다"(시 1:3).

우리 아이들은 지금 자라는 중입니다. 성장통이 있기도 하고, 예상하지 못했던 변화들로 아이들도 당황스러운 시간을 보내고 있을지 모릅니다. 그러나 시냇가에 심은 나무처럼 아이들이 하나님 곁에 심겨만 있다면, 하나님이 정하신 때를 따라 아름다운 열매를 맺게 될 것입니다. 성장이 빠른 아이가 있을 수 있고 조금 느린 아이가 있을 수도 있지만, 중요한 것은 하나님이 반드시 아이들을 형통하게 하시리라는 믿음입니다. 이 믿음이 우리의 기도 제목이 되어야 합니다.

아이들의 영혼에
믿음이 심기길 기도합니다

25일

예수님을 만나는 주일학교

"영접하는 자 곧 그 이름을 믿는 자들에게는
하나님의 자녀가 되는 권세를 주셨으니"(요 1:12).

독생자 예수님을 보내 주신 하나님,
사랑하는 우리 반 아이들이
마음을 활짝 열고 예수님을 만나길 원합니다.
예수님을 만나 기쁨이 넘치게 하시고
구원과 생명을 얻게 하소서.

반 아이들이 말씀을 통해 예수님을 알아 가며
예수님의 이름을 이 세상 무엇보다
귀한 선물로 받게 하소서.
세상의 가치를 따르지 않고
자신의 지혜를 의지하지 않으며
예수님을 기준으로 살아가게 하소서.

예수님을 믿는 것이 가장 큰 복임을
깨닫는 아이들이 되게 하시고,
믿음을 주신 하나님께
감사하는 삶을 살게 하소서.
그리고 그 믿음으로
날마다 참된 행복을 누리는
예수님께 속한 사람이 되게 하소서.

우리를 하나님의 자녀로 부르신
예수님의 이름으로 기도합니다. 아멘.

오늘의 한 줄 기도

26일

예수님의 성품을 닮는 주일학교

"볼지어다 내가 문밖에 서서 두드리노니
누구든지 내 음성을 듣고 문을 열면 내가 그에게로 들어가
그와 더불어 먹고 그는 나와 더불어 먹으리라"(계 3:20).

하나님의 형상을 닮은 존재로
우리를 만드신 하나님,
우리 반 아이들이 예수님을 만날 때
예수님과 더불어 먹으며
평생 기쁨을 누리게 하소서.

사랑하는 우리 반 아이들이
마음이 온유하고 겸손하신
예수님의 성품을 닮길 원합니다.
생명을 품은 자녀로 성장하게 하시고
그리스도의 향기로 주변 사람들을 살리는
아이들이 되게 하소서.

예수님을 닮은 자녀로 살아가며
수고하고 무거운 짐이 느껴질지라도
포기하거나 주저앉지 않게 하소서.
우리를 위로하시는 예수님의 음성을 듣고
독수리가 날개 치며 올라감 같은
새 힘을 얻게 하소서.

우리와 항상 함께하시는
예수님의 이름으로 기도합니다. 아멘.

오늘의 한 줄 기도

27일

년 월 일

하나님이 주신 꿈을 발견하는 주일학교

"우리 주 예수 그리스도의 하나님, 영광의 아버지께서
지혜와 계시의 영을 너희에게 주사 하나님을 알게 하시고
너희 마음의 눈을 밝히사 그의 부르심의 소망이 무엇이며"(엡 1:17-18상).

지혜를 주시는 하나님,
사랑하는 아이들이 모세와 여호수아를 본받아
도전하는 것을 두려워하지 않길 원합니다.
아이들에게 용기를 부어 주시고,
한 걸음 더 전진하는 결단력을 주소서.

사람의 눈으로 볼 때 불가능한 일도
하나님의 눈으로 보며 가능함을 알게 하시고,
갈렙의 고백처럼 "이 산지를 내게 주소서"라고
선포하는 믿음의 아이들이 되게 하소서.
세상의 사람들이 칼과 창과 단창으로 무장할 때,
우리 반 아이들은 만군의 여호와 이름으로 무장하여
하늘의 승리를 경험하게 하소서.

아이들이 자신의 만족과 유익을 위해
은사와 달란트를 구하지 않게 하시고,
하나님 나라를 위한 꿈과 비전을 품게 하소서.
하나님이 주신 꿈을 이루어 갈 때
하나님 나라가 점점 더
선명해지고 분명해지게 하소서.

하나님 나라의 일꾼으로 우리를 부르신
예수님의 이름으로 기도합니다. 아멘.

오늘의 한 줄 기도

28일

은혜를 경험하는 주일학교

"여호와께서 그의 앞으로 지나시며 선포하시되
여호와라 여호와라 자비롭고 은혜롭고 노하기를 더디하고
인자와 진실이 많은 하나님이라"(출 34:6).

은혜롭고 인자하신 하나님,
사랑하는 우리 반 아이들이
말로 다 할 수 없는 하나님의 은혜를 깨닫고
감사를 고백하길 원합니다.
눈에 보이는 것에 집착하지 않고
신령한 가치를 사모하게 하소서.

자신의 모든 죄와 허물을 용서하시는
하나님의 넓으신 사랑을 깨닫고
"주님의 은혜가 바다같이 넓다"고 고백하게 하소서.
자신의 연약함과 부족함을 덮어 주시는
하나님의 넘치는 사랑을 깨닫고
"주님의 은혜가 바다같이 깊다"고 고백하게 하소서.

불평과 불만이 가득한 시대이지만
그 안에서 감사의 조건과 제목을 발견하며
모든 것이 주님의 은혜임을 고백하게 하시고,
우리에게 온갖 좋은 은사와 선물을 주시는
하나님을 바라보게 하소서.

인자하고 진실하신
예수님의 이름으로 기도합니다. 아멘.

오늘의 한 줄 기도

29일   년   월   일

세상에서 승리하는 주일학교

"너희는 이 세대를 본받지 말고 오직 마음을 새롭게 함으로 변화를 받아
하나님의 선하시고 기뻐하시고 온전하신 뜻이 무엇인지 분별하도록 하라"(롬 12:2).

이 세상을 창조하신 하나님,
우리 반 아이들이 환난을 만날 때
예수님을 온전히 바라보게 하소서.
세상의 유혹과 시험에 흔들리거나
넘어지지 않도록 인도하소서.

아이들이 문제를 만났을 때
세상이 주는 소리에 귀 기울며
세상의 방법으로 해결하지 않길 원합니다.
하나님께 도움을 구하며
하나님이 기뻐하시는 뜻이 무엇인지 분별하여
어려움을 이겨 내는 아이들이 되게 하소서.

우리 아이들이 마주하는 세상은
비난, 불평, 미움, 시기, 질투, 탐욕 등
부정적인 것들로 가득 차 있습니다.
이 세대를 본받지 않게 하시고
이 세대를 변화시킬 수 있는
하나님의 자녀로 자라게 하소서.

세상을 이기신
예수님의 이름으로 기도합니다. 아멘.

오늘의 한 줄 기도

년　　월　　일

선악을 분별하는 주일학교

"우리 주 예수 그리스도의 하나님,
영광의 아버지께서 지혜와 계시의 영을 너희에게 주사
하나님을 알게 하시고"(엡 1:17).

우리를 진리로 이끌어 주시는 하나님,
사랑하는 우리 반 아이들에게
선악을 분별하는 지혜를 주소서.
사람의 지혜가 아닌 성령의 충만함으로
하나님의 뜻을 분별하는
민감한 영의 사람이 되게 하소서.

사랑하는 우리 반 아이들이
엘리야처럼 잠잠하고 고요한 가운데
하나님의 세미한 음성을 듣길 원합니다.
항상 영적으로 깨어 있게 하시고,
자신의 신앙을 든든한 반석 위에
세워 가도록 붙들어 주소서.

이단의 잘못된 가르침에
넘어지지 않게 하시고,
지혜와 계시의 영을 부어 주셔서
냉철한 머리와 따뜻한 가슴을 품은
우리 반 아이들이 되게 하소서.

하나님을 알게 하시고 사랑하게 하시는
예수님의 이름으로 기도합니다. 아멘.

오늘의 한 줄 기도

31일

평강을 누리는 주일학교

"주께서 심지가 견고한 자를 평강하고 평강하도록 지키시리니 이는 그가 주를 신뢰함이니이다"(사 26:3).

우리에게 평화를 주시는 하나님,
사랑하는 아이들이 삶 속에서
주님의 평화를 마음껏 누리길 원합니다.
우리 반 아이들에게 샬롬의 은총을 주소서.
정서적인 안정감을 가지고
어떤 상황과 말에도 쉽게 흔들리지 않도록
심지를 견고하게 하소서.

우리 아이들이 하나님과의 화평을
최고의 가치로 여기며
그것을 지키기 위해 자신 안에 있는 연약함을
주저 없이 고백하는 아이들이 되길 원합니다.
나보다 나를 더 잘 아시는 하나님 앞에서
거짓 없이 정직하게 하소서.

분열과 다툼의 시대에
우리 아이들을 평화의 도구로 사용하소서.
십자가의 보혈로
모든 것을 덮어 주시고 받아 주시는 예수님 안에서
참자유를 누리며
예수님의 제자로 살아가게 하소서.

우리의 평화이시며, 막힌 담을 허무신
예수님의 이름으로 기도합니다. 아멘.

오늘의 한 줄 기도

믿음의 주일학교로 키워요 4

교사를 그만두고 싶어요

교사들의 헌신과 수고로 아름다운 공동체를 가꿔 온 한국교회에 위기가 찾아왔습니다. 온라인에 익숙해진 아이들이 교회로 돌아오지 않고 있습니다. 코로나가 유행하는 동안 아이들을 만나지 못한 교사들의 사명도 약해졌습니다. 하나님과 사이가 멀어지고 아이들과도 단절되었다는 느낌을 받을 때, 교사의 사명감이 약해지기 때문입니다.

그러므로 교사는 하나님과 관계가 친밀해야 하고, 그러기 위해서는 예배를 회복해야 합니다. 아래에 제시된 체크 리스트를 보며 지금 나의 예배 건강이 어떤 상태인지 점검해 보시기 바랍니다.

예배 건강 상태 체크

- 좋음 : 하나님과 사이가 매우 가까우며, 예배마다 감동과 결단이 있다. 말씀 묵상과 개인 기도의 시간을 구별하여 따로 갖는다.
- 조심 : 하나님과 적당한 거리를 유지하고 있으며, 예배에서 종종 은혜를 받는다. 기도는 필요할 때만 집중적으로 간절히 한다.
- 위험 : 하나님이 멀게 느껴지며, 예배를 통해 은혜 받기가 어렵다. 주중에는 말씀 볼 시간, 기도할 시간이 없다. 한 주가 어떻게 지나갔는지 모르겠다.

은혜의 법칙은 분명합니다. 나에게 맡겨 주신 아이들에게 은혜를 전하기 위해서는 내가 먼저 은혜로 충만해야 합니다. 은혜가 공급되지 않았는데 흘러가는 법은 없습니다. 베드로 사도는 청지기의 사명을 다음과 같이 이야기합니다.

"만일 누가 말하려면 하나님의 말씀을 하는 것같이 하고 누가 봉사하려면 하나님이 공급하시는 힘으로 하는 것같이 하라 이는 범사에 예수 그리스도로 말미암아 하나님이 영광을 받으시게 하려 함이니"(벧전 4:11).

우리는 다양한 계기로 교사가 되었습니다. 본인의 의지로, 교역자의 강력한 권면과 협박(?)으로, 어떤 계기로 교사가 되었더라도 우리를 부르신 분이 하나님이심을 기억해야 합니다. 교사를 내려놓기 전에 처음 교사를 하려고 했던 이유를 기억해 보면 어떨까요? 그 이유들을 노트에 적어 봅시다. 그리고 교사로 섬기며 발견한 감사의 제목들도 기록해 봅시다. 나의 열심보다 오히려 넘치는 은혜를 주신 하나님을 만나게 될 것입니다. 교사인 당신을 진심으로 격려하고 응원합니다.

"교사가 되어 주셔서 감사합니다.
당신으로 인해 하나님이 기뻐하십니다!"

+

하나님을 사랑하고 서로를 사랑하는
주일학교가 되길 기도합니다

+

32일

거룩한 열정으로 예배하는 주일학교

"아버지께 참되게 예배하는 자들은 영과 진리로 예배할 때가 오나니 곧 이때라 아버지께서는 자기에게 이렇게 예배하는 자들을 찾으시느니라"(요 4:23)

참된 예배자를 찾으시는 하나님,
아이들이 영원한 생명을 증언하는
진짜 예배자가 되게 하소서.
아이들의 마음에 하나님을 예배하고자 하는
거룩한 열정과 기쁨을 주소서.

우리 주일학교 아이들이
예배를 통해 하나님의 임재와 능력을
경험하길 원합니다.
찬양하고, 헌금하는 예배의 모든 순서에서
기쁨을 맛보게 하시고,
설교를 통해 전해지는 하나님의 말씀을
집중하여 듣게 하소서.

삶에서 예배의 제단을 쌓았던
아브라함, 야곱, 다윗처럼
어렵고 힘들 때도
기쁘고 감사할 때도
언제 어디서나 주님을 예배하는
참된 예배자의 삶을 살게 하소서.

예배의 이유가 되시는
예수님의 이름으로 기도합니다. 아멘.

오늘의 한 줄 기도

33일

년　월　일

한 몸이 되는 주일학교

"보라 형제가 연합하여 동거함이 어찌 그리 선하고 아름다운고"(시 133:1).

성부 성자 성령 삼위일체이신 하나님,
우리 주일학교가 한마음과 한뜻을 품길 원합니다.
서로 다른 성품으로 각자의 모습을 하고 있을지라도
있는 모습 그대로 서로를 받아 주고 이해하는
은혜가 넘치는 주일학교가 되게 하소서.

사랑하는 아이들이
자신을 긍휼히 여겨 주시는 하나님의 사랑을 발견하고
받은 사랑을 친구들에게 흘려보내게 하소서.
하나님과 우리의 사이를 화평하게 하신
예수님의 선하심을 닮아
서로를 섬기고 사랑하는 주일학교가 되게 하소서.

교사와 아이들 모두
자신이 하나님께 용서받았음을 기억하며
서로 사랑하기를 주저하지 않게 하시고,
네 이웃을 네 몸과 같이 사랑하라는
하나님의 말씀을 지키는
사랑의 공동체가 되게 하소서.

항상 우리와 함께하시는
예수님의 이름으로 기도합니다. 아멘.

오늘의 한 줄 기도

공과 시간이 말씀의 잔치가 되는 주일학교

"모든 성경은 하나님의 감동으로 된 것으로
교훈과 책망과 바르게 함과 의로 교육하기에 유익하니
이는 하나님의 사람으로 온전하게 하며
모든 선한 일을 행할 능력을 갖추게 하려 함이라"(딤후 3:16-17).

말씀으로 온 세상을 창조하신 하나님,
교사인 저에게 말씀을 전하는 사명을 주시고
아이들을 만나게 하시니 감사합니다.
매주 깊은 묵상으로 공과를 준비하며
아이들에게 생명의 꿀을 풍성히 먹이게 하소서.

공과를 준비할 때마다
성령의 기름을 부어 주셔서
교사인 제가 먼저 말씀으로 변화되게 하시고
하나님을 깊이 만나게 하소서.
공과 시간을 통해
교훈과 책망과 바르게 함과

의로 교육함이 이루어지게 하시고,
그로 인해 아이들이 하나님의 사람으로
힘있게 성장하게 하소서.

예수님이 제자들과 함께하시며
삶으로 하나님의 말씀을 나누셨던 것처럼
아이들과 함께하며
말씀 때문에 웃고,
말씀 때문에 행복하고,
말씀 때문에 눈물짓게 하소서.

우리에게 말씀을 먹여 주시는
예수님의 이름으로 기도합니다. 아멘.

오늘의 한 줄 기도

년 월 일

서로 사랑하는 주일학교

"사랑하는 자들아 우리가 서로 사랑하자 사랑은 하나님께 속한 것이니
사랑하는 자마다 하나님으로부터 나서 하나님을 알고
사랑하지 아니하는 자는 하나님을 알지 못하나니
이는 하나님은 사랑이심이라"(요일 4:7).

하나님, 사랑하는 우리 주일학교가
하나님이 우리를 사랑하심을 깊이 깨달으며,
서로를 사랑하길 원합니다.
세상이 알 수 없는 사랑으로
서로를 격려하고 칭찬하고 위로하게 하소서.

예수님이 이 땅에 오셔서
사람들을 긍휼히 여기셨던 것처럼
우리 주일학교가 서로의 허물을
기꺼이 덮어 주게 하소서.
모든 것을 아끼지 않고 내어 주신
예수님의 한없는 사랑을 고백하며

서로의 모습 속에서
예수님의 깊고 넓은 사랑을 발견하게 하소서.

교사인 제 마음에도
하나님의 사랑이 충만하여
그 사랑으로 호흡하게 하시고
그 사랑으로 아이들을 가르치도록 인도하소서.

우리를 사랑하시는
예수님의 이름으로 기도합니다. 아멘.

오늘의 한 줄 기도

36일

년 월 일

기쁨과 감사가 가득한 주일학교

"항상 기뻐하라 쉬지 말고 기도하라 범사에 감사하라
이것이 그리스도 예수 안에서 너희를 향하신 하나님의 뜻이니라"(살전 5:16-18).

하나님, 우리 주일학교가
기쁨과 감사로 가득하길 원합니다.
하나님이 기도에 응답하신 것을 기뻐하고
기도에 거절하신 것도 감사할 줄 알며,
신앙이 나날이 성숙해 가는
견고하고 든든한 주일학교가 되도록 인도하소서.

사랑하는 아이들이 주일학교를 생각할 때
기쁨이 넘치게 하시고,
선생님과 친구들과 함께 예배하는 시간을
기대하게 하소서.
교회에서 함께 예배드리며
영혼이 살아나고, 삶이 회복되게 하소서.

기쁨과 감사가 가득한 주일학교를 통해
하나님 나라를 경험하며
성령님 안에서
의와 평강과 희락을 누릴 수 있도록
은혜를 주소서.

우리의 기쁨과 감사의 이유이신
예수님의 이름으로 기도합니다. 아멘.

오늘의 한 줄 기도

37일

년 월 일

축복의 통로로 쓰임 받는 주일학교

"사랑하는 자여 네 영혼이 잘됨같이
네가 범사에 잘되고 강건하기를 내가 간구하노라
내가 내 자녀들이 진리 안에서 행한다 함을 듣는 것보다
더 기쁜 일이 없도다"(요삼 1:2,4).

하나님, 주일학교를 선물로 주시고
귀한 교사들과 아이들을
만나게 해 주셔서 감사합니다.
우리 주일학교가 서로에게 하나님의 마음을 전하는
축복의 통로로 쓰임 받게 하소서.

하나님이 주신 모든 좋은 것을
서로 나누는 주일학교가 되길 원합니다.
교사들과 아이들 모두가
주 안에서 잘 되는 복을 누리며
주변과 이웃을 돌아보는
마음이 넉넉한 삶을 살게 하소서.

교사로서 주일학교 아이들에게
하나님께 받은 복을 흘려보낼 때,
아이들의 믿음이 굳건히 성장하게 하소서.
그리하여 섬김의 기쁨을 알고
무엇과도 바꿀 수 없는
영적인 복을 누리게 하소서.

복을 베푸시는
예수님의 이름으로 기도합니다. 아멘.

오늘의 한 줄 기도

38일

온 성도의 사랑을 받는 주일학교

"우리가 이를 그들의 자손에게 숨기지 아니하고
여호와의 영예와 그의 능력과 그가 행하신 기이한 사적을
후대에 전하리로다"(시 78:4).

하나님, 우리 주일학교가
온 성도의 사랑으로 성장하길 원합니다.
모든 성도가 마음과 뜻을 모아
주일학교 아이들에게 신앙의 유산을
물려주게 하소서.

온 성도가 주일학교를 이해하고 사랑할 수 있도록
넓은 마음과 사랑의 마음을 부어 주시고,
성도들이 주일학교 아이들의 이야기에
귀를 기울일 수 있도록 깊은 마음을 주소서.
그리하여 세대 간의 대화가 살아나고
막혀 있던 담이 무너지게 하소서.

주일학교를 향한 하나님의 눈물이
온 성도가 무릎 꿇는 이유가 되게 하소서.
아이들을 품에 안고 함께 기도하는
어머니의 품 같은 교회가 되어
우리 교회 주일학교 아이들의
웃음소리와 찬양이 끊이지 않게 하소서.

하늘의 신령한 복을 천대까지 베푸시는
예수님의 이름으로 기도합니다. 아멘.

오늘의 한 줄 기도

믿음의 주일학교로 키워요 5

교사하면 행복한가요?

여러분은 언제 행복을 느끼시나요? 미국의 하버드대학은 75년간 연구한 행복의 요건을 다음과 같이 말합니다.

1. 가족, 친구, 공동체와 사회적 연결이 긴밀할수록 더 행복하고 신체적으로 건강합니다.
2. '친구가 얼마나 많은가'보다 '친구와 얼마나 깊은 관계를 맺고 있는가'가 행복을 좌우합니다.
3. 좋은 관계는 육체뿐만 아니라 뇌를 보호해 줘서 기억력을 좋게 하고 노년을 행복하게 합니다.

많은 사람이 행복하기를 원하지만, 실제로 행복한 사람은 많지 않습니다. 그런데 교사의 직분은 행복할 수 있는 최고의 여건을 가지고 있습니다. 생명이 자라는 주일학교 아이들을 만나고, 그 아이들이 기뻐하는 표정, 찬양하는 모습, 믿음과 지혜가 성장하는 모습을 바로 옆에서 볼 수 있기 때문입니다. 하나님은 아이들의 작은 몸짓과 표현을 통해 교사에게 행복을 선물해 주십니다.

"선생님, 보고 싶었어요."
"선생님, 사랑해요."

아이들의 말 한마디에 모든 수고가 녹아내립니다.

"이스라엘이여 너는 행복한 사람이로다 여호와의 구원을 너같이 얻은 백성이 누구냐 그는 너를 돕는 방패시요 네 영광의 칼이시로다 네 대적이 네게 복종하리니 네가 그들의 높은 곳을 밟으리로다"(신 33:29).

하나님은 교사의 분주한 상황을 잘 알고 계십니다. 건강과 체력이 녹록하지 않은 것도 이해하고 계십니다. 처음부터 큰 사명을 가지고 교사를 시작하지 않아도 됩니다. 하나님이 자연스럽게 사명을 깨닫게 해 주실 것입니다. 행복한 교사가 되고 싶다는 꿈으로 시작하셔도 동기는 충분합니다. 할 수 있는 조건을 다 충족하고 교사를 시작하시는 분은 거의 없습니다. 더 좋고 위대한 가치를 선택하면 됩니다. 그러면, 시간이 흐른 뒤 여러분도 고백하게 될 것입니다.

"교사로 봉사하길 가장 잘했습니다.
저는 정말 행복했습니다."

우리 교회 주일학교가
다 함께 성장하길 기도합니다

39일

년 월 일

하나님의 사랑이 넘치는 영아부

"내가 평안히 눕고 자기도 하리니
나를 안전히 살게 하시는 이는 오직 여호와이시니이다"(시 4:8).

생명을 주관하시는 하나님 아버지,
귀한 생명을 이 땅에 보내 주시고
믿음의 가정에 선물로 주셔서
말씀과 사랑을 먹고 자라게 하시니 감사합니다.
한 가정의 귀한 생명인 아기들의 호흡마다
하나님의 사랑이 흘러가게 하소서.

아기가 엄마의 냄새에 평안함을 느끼듯이
교회에 오면 평안함을 느끼길 원합니다.
하나님이 주시는 따뜻한 공기와 분위기가
아기들을 감싸게 해 주셔서,
아기들이 교회를 낯설어 하지 않고
안정감을 가지고 예배하게 하소서.

부모들의 마음에 교회를 신뢰하는 마음을 주셔서
부모와 교사가 함께
아기들에게 한량없는 사랑을 흘려보내는
믿음의 양육자들이 되게 하소서.
무엇보다 부모와 교사로부터
하나님이 주시는 안전함이 흘러나와
아기에게 든든함이 뿌리내릴 수 있길 원합니다.
아기들의 마음과 시선에 평안함이 깃들게 하소서.

아기들을 안아 주시고 아기들에게 평안함을 주시는
예수님의 이름으로 기도합니다. 아멘.

오늘의 한 줄 기도

년 월 일

믿음의 자녀로 성장하는 유아부

"주께 합당하게 행하여 범사에 기쁘시게 하고
모든 선한 일에 열매를 맺게 하시며
하나님을 아는 것에 자라게 하시고"(골 1:10).

작은 씨앗이 땅에 심겨 열매를 맺음같이
사랑하는 아이들의 영혼을
자라게 하시는 하나님께 감사합니다.
하나님의 놀라운 창조 섭리를 따라
유아부 아이들의 몸이
균형 있고 조화롭게 성장하게 하소서.

유아부 아이들이 말씀을 들을 때
하나님이 주시는 따스함이 심기며
성경의 인물을 보고 들을 때
귀가 쫑긋, 마음이 활짝 열려
평생 기억에 남게 하소서.
믿음의 기초가 탄탄히 세워지게 하소서.

사랑하는 아이들이 교사에게 폭 안길 때
교사의 수고와 애씀이 모두 녹아내리며
지친 마음이 회복되게 하소서.
아이들을 위해 더 기도할 수 있는
새 힘을 얻게 하소서.

생명을 자라게 하시는
예수님의 이름으로 기도합니다. 아멘.

오늘의 한 줄 기도

41일

예수님의 성품을 닮는 유치부

"이로써 그 보배롭고 지극히 큰 약속을 우리에게 주사
이 약속으로 말미암아 너희가 정욕 때문에 세상에서 썩어질 것을 피하여
신성한 성품에 참여하는 자가 되게 하려 하셨느니라"(벧후 1:4).

하나님, 유치부 아이들이
예수님의 성품을 닮길 원합니다.
작은 일에도 감사를 고백하는 긍정의 태도와
다른 사람의 필요를 살피는 배려의 마음과
어려운 일을 이겨낼 수 있는 인내를
아이들에게 주소서.

사랑하는 유치부 아이들이
옳은 것과 그른 것을 구별할 수 있도록 지혜를 주셔서
해야 할 것과 해서는 안 될 것을 분별하게 하소서.
절제하는 방법을 잘 배워
즉각적인 만족과 기쁨을 따르지 않고
참고 기다릴 줄 아는 넉넉한 마음을 갖게 하소서.

유치부 아이들이 부모님과
풍성한 사랑의 고백을 나누고,
선생님들과 예배하는 기쁨을 누리며
생각과 마음이 견고한 나무처럼 성장하도록
은혜를 더하여 주소서.

우리를 품에 안아 주시는
예수님의 이름으로 기도합니다. 아멘.

오늘의 한 줄 기도

42일

년 월 일

감사와 찬양이 가득한 유년부

"감사함으로 여호와께 노래하며 수금으로 하나님께 찬양할지어다"(시 147:7).

하나님, 사랑하는 유년부 아이들에게
매일매일 기쁨이 넘치길 원합니다.
우리를 사랑하시되 끝까지 사랑하시는
예수님의 한없는 사랑으로
아이들을 돌보아 주소서.

장기기억이 발달하는 유년부 아이들에게
성경 말씀을 암송할 수 있는 지혜를 주시고
마음과 생각에 말씀이 심기게 하소서.
하나님을 사랑하는 성경 인물들을 만날 때마다
닮고 싶은 마음을 주셔서
성경 인물들의 선한 말과 담대한 행동을 닮은
하나님의 사람으로 성장하게 하소서.

유년부 아이들이 하나님을 기뻐하는
예배자가 되길 원합니다.
하나님을 향한 사랑이 더욱 자라나서
매일매일 감사의 고백이 넘치고
하나님을 향한 기쁨의 찬양이 넘치게 하소서.

언제나 변함없이 우리를 사랑하시는
예수님의 이름으로 기도합니다. 아멘.

오늘의 한 줄 기도

하나님을 경외하는 초등부

"여호와를 경외하는 도는 정결하여 영원까지 이르고
여호와의 법도 진실하여 다 의로우니 금 곧 많은 순금보다 더 사모할 것이며
꿀과 송이꿀보다 더 달도다"(시 19:9-10).

은혜와 자비가 풍성하신 하나님,
사랑하는 초등부 아이들이
예수님처럼 몸이 자라고 지혜가 자라는 시기에
하나님을 더욱 사랑하길 원합니다.
여호와를 경외하는 마음을 갖는
초등부 아이들이 되게 하소서.

몸의 변화와 성장이 크게 이루어지는 시기에
당황하거나 두려워하지 않도록
아이들에게 평안함을 주소서.
자신이 성장하고 있음을, 성숙하고 있음을
자연스럽게 받아들이게 하소서.

아이들이 자라며 삶의 우선순위가 하나님이 되고
예수님을 사랑하고 섬기고자 하는 마음이
확장되길 원합니다.
초등부 아이들에게
생각하는 신앙과 질문하는 지혜를 주시고
부모와 교사들에게도
초등부 아이들의 호기심을 수용할 수 있는
넉넉한 마음을 주소서.

꿀과 송이꿀보다 더 달고 오묘한 말씀을 주시는
예수님의 이름으로 기도합니다. 아멘.

오늘의 한 줄 기도

44일

년 월 일

하나님 나라의 비전을 꿈꾸는 중고등부

"묵시가 없으면 백성이 방자히 행하거니와
율법을 지키는 자는 복이 있느니라"(잠 29:18).

우리에게 꿈과 비전을 주시는 하나님,
사랑하는 중고등부 아이들이 예수님을 만남으로
하나님 나라의 비전이 선명해지도록
은혜를 부어 주소서.
세상의 유혹과 높아지려는 욕망을 따르지 않고
다른 사람을 살리고 세워 주는
더 높은 꿈을 꾸게 하소서.

중고등부 아이들이 말씀을 따라 살길 원합니다.
연약한 자를 일으켜 주는 용기 있는 손과
도움을 요청하는 사람들의 외침을 듣는 귀와
복음이 필요한 사람들에게 달려가는 발이 되어
풍성한 복을 누리게 하소서.

중고등부 학생들이
진리 안에서 올바른 정체성을 갖길 원합니다.
건강한 성 윤리와 도덕성을 분별하게 하시고
복음을 기준으로 견고한 믿음을 갖게 하소서.
자신의 마음과 생각을 편하게 나눌 수 있는
좋은 어른을 만나는 복을 주시고
어려울 때 기도를 부탁할 수 있는 친구,
기쁠 때 함께 기뻐할 수 있는 친구,
서로의 어깨에 기댈 수 있는
마음이 꼭 맞는 친구를 만나게 하소서.

길과 진리와 생명이신
예수님의 이름으로 기도합니다. 아멘.

오늘의 한 줄 기도

견고한 믿음 위에 서는 청년부

"하나님이 말씀하시기를 말세에 내가 내 영을 모든 육체에 부어 주리니
너희의 자녀들은 예언할 것이요 너희의 젊은이들은 환상을 보고
너희의 늙은이들은 꿈을 꾸리라"(행 2:17).

하나님, 사랑하는 우리 청년들이
어지럽고 혼란스러운 세상에서
주님이 주시는 소망을 놓지 않길 원합니다.
청년들에게 꿈을 부어 주시고
기도의 쉼표를 허락해 주소서.

입시와 취업 등 진로를 결정하는
인생의 중요한 시기에
홀로 있지 않다는 사실을 기억하며,
항상 동행하시고 강한 손으로 세밀하게 도우시는
하나님을 꽉 붙잡고 나아갈 수 있도록
믿음과 용기를 더하여 주소서.

청년들에게 흔들리지 않는 견고한 믿음을 주소서.
꿈과 목표 때문에
하나님을 멀리하는 것이 아니라
오히려 주님과 더 가까워지는
청년 시절이 되게 하시고,
상황과 환경에 요동하지 않으며
예수님의 제자로 멋진 삶을 살게 하소서.

우리를 꿈꾸게 하시는
예수님의 이름으로 기도합니다. 아멘.

오늘의 한 줄 기도

믿음의 주일학교로 키워요 6

교회의 미래를 바꿔요!

한 설문조사 결과에 따르면 코로나 이후의 한국교회 오프라인 예배 회복률(2022.4.24.기준)이 장년 73.3%, 주일학교 42.6%로 나타났습니다. 장년 세대가 교회로 돌아오는 비율은 높아지고 있지만, 주일학교는 50%를 넘지 못했고, 오히려 더 축소될 것으로 예측됩니다. 따라서 이제 일주일에 한 시간만 교회에 오는 신앙교육시스템만으로 아이들의 신앙이 성장하기는 어려울 것으로 보입니다. 앞으로는 가정과 교회가 함께 주일학교 아이들을 양육해야 합니다.

1. 주일학교 예배에 부모와 함께하기

부모가 함께 예배드릴 때 아이들은 그 예배를 특별한 신앙의 사건으로 마음에 기록합니다. 부모가 예배를 인도하고, 기도와 특송까지 한다면 최고의 예배가 될 것입니다.

2. 성경학교(수련회)를 위해 부모와 함께 기도하기

교회와 가정이 수련회 주제와 프로그램을 공유하고 함께 릴레이 금식기도를 하며 영적인 역할을 나눕니다. 중보자가 많은 수련회에 하나님이 놀랍게 역사해 주실 것입니다.

3. 가정예배가 가정의 문화가 되도록 돕기

가정예배를 권면하며 어떻게 예배를 드려야 하는지도 훈련해야 합니다. 가정예배를 드릴 수 없는 이유보다 예배를 드려야 하는 이유를 신앙적으로 깨닫도록 도와주어야 합니다. 주중에 가정예배를 드린 자녀들은 점점 예배를 사모하는 아이들로 변할 것입니다.

4. 교사 교육과 부모 교육을 함께하기

많은 부모가 주일학교에 아이들을 보내는 것으로 자신의 역할을 다했다고 착각합니다. 교회는 이런 부모들에게 자녀와 부모가 함께 그려야 하는 신앙의 미래를 선명하게 보여 주어야 합니다. 주중의 신앙 교육과 주일의 신앙 교육이 만날 때 견고한 믿음의 자녀가 세워집니다.

"그가 말하기를 돋우고 돋우어(Build up, build up) 길을 수축하여
내 백성의 길에서 거치는 것을 제하여(Remove) 버리라 하리라"
(사 57:14).

기존의 주일 신앙 교육의 길이 막혔다면, 새로운 길을 만들어야 합니다. 지금부터 준비해야 합니다. 아이들이 걸어갈 길을 돋우고, 수축해야 합니다. 막힌 것은 과감하게 허물어야 합니다. 교회마다 다음 세대가 살아난다는 복된 소식이 들려오길 간절히 소망합니다.

신앙이 성장하는
성경학교(수련회)가 되길 기도합니다

46일

년 월 일

은혜에 집중하는 성경학교

"내 구원의 능력이신 주 여호와여
전쟁의 날에 주께서 내 머리를 가려 주셨나이다"(시 140:7).

하나님, 사랑하는 우리 반 아이들이
하나님을 더 깊이 깨닫고
예수님을 더욱 사랑하게 하소서.
아이들이 성경학교 참여를 결단할 때
수많은 영적 싸움이 시작됩니다.
아이들이 승리할 수 있도록 지혜와 능력을 부어 주시고
참여하는 데 어려움이 없게 하소서.

성경학교에서 은혜를 경험하는 동안
어떤 일도 아이들을 흔들지 못하도록
보호해 주시고, 지켜 주소서.
가정의 상황과 학업 환경과
아이들의 마음을 지켜 주소서.

성경학교가 한 번의 사건으로 끝나지 않고
아이들의 삶에 지속적으로 영향을 주길 원합니다.
교사와 부모가 함께
아이들을 말씀과 기도로 양육하게 하시고,
아이들이 악에게 지지 않고
하나님의 승리를 선포하게 하소서.

이미 세상을 이기신
예수님의 이름으로 기도합니다. 아멘.

오늘의 한 줄 기도

47일

년 월 일

예배의 기쁨이 회복되는 성경학교

"히스기야 왕이 귀인들과 더불어 레위 사람을 명령하여
다윗과 선견자 아삽의 시로 여호와를 찬송하게 하매
그들이 즐거움으로 찬송하고 몸을 굽혀 예배하니라"(대하 29:30).

하나님, 우리 반 아이들에게
영적 도약의 시간을 허락해 주셔서 감사합니다.
바쁘고 힘든 상황에서도
아이들과 부모들이 우선순위를 잘 분별하게 하시고
무엇보다 하나님과의 만남을 사모하게 하소서.

성경학교 예배에 기름을 부어 주셔서
아이들이 균형 있는 예배자로,
건강한 신앙인으로 성장하게 하소서.
아이들의 입술에 찬양의 향기가 넘치고
찬양의 소리가 천군 천사의 노래처럼
하나님이 기뻐 받으시는 울림이 되게 하소서.

말씀으로 역사하시는 하나님,
아이들에게 말씀으로 찾아와 주소서.
아이들이 마음을 활짝 열고
하나님의 말씀을 한 구절 한 구절 아멘으로 받도록
부드러운 마음을 주소서.
말씀을 들을 때 하나님이 주신 지혜로
하늘의 영광을 고백하는
믿음의 자녀들이 되게 하소서.

우리의 찬양을 기쁘게 받으시는
예수님의 이름으로 기도합니다. 아멘.

오늘의 한 줄 기도

말씀으로 살아나는 성경학교

"여호수아가 그들에게 이르되 두려워하지 말며 놀라지 말고 강하고 담대하라 너희가 맞서서 싸우는 모든 대적에게 여호와께서 다 이와 같이 하시리라"(수 10:25).

하나님, 우리 부서에
교역자를 세워 주셔서 감사합니다.
성경학교에서 아이들에게 말씀을 먹이기 위해
먼저 말씀을 깊이 묵상할 때 은혜로 채워 주소서.
아이들을 위해 애통하며
야곱처럼 씨름하는 열정을 부어 주소서.

교역자에게 지혜를 더하여 주셔서
주일학교를 옳은 길로 인도하기에
부족함이 없게 하시고,
여호수아처럼 담대하게 하나님의 뜻을 선포하며
주일학교가 가야 할 길을 제시하게 하소서.
영적인 일에 앞서서
담대히 전진하는 리더가 되게 하소서.

성경학교 동안 교역자의 건강을 지켜 주소서.
말씀을 전할 때,
기도를 인도할 때,
지치지 않게 하셔서
교사들과 아이들 모두 복음을 깨달으며
목자이신 예수님을 따라 사는 삶을 결단하게 하소서.

우리의 영원한 목자이신
예수님의 이름으로 기도합니다. 아멘.

오늘의 한 줄 기도

49일

성령의 열매를 맺는 성경학교

"바나바는 착한 사람이요 성령과 믿음이 충만한 사람이라 이에 큰 무리가 주께 더하여지더라"(행 11:24).

하나님, 우리 반 아이들이 성경학교를 통해
성령의 열매를 맺길 원합니다.
따뜻하신 성령님을 만남으로 인해
마음속에 있는 상처가 치료되고,
외로움이 사라지며,
자존감이 회복되게 하소서.

우리 반 아이들이
성경학교의 모든 순서를 통해서
자신을 새롭게 다듬으시는
하나님의 손길을 경험하게 하소서.
바나바처럼 성령과 믿음이 충만한 사람으로 성장하는
계기가 되도록 은혜를 부어 주소서.

아이들이 성령의 9가지의 열매를
맺는 주일학교가 되길 원합니다.
사랑, 희락, 화평, 오래 참음, 자비,
양선, 충성, 온유, 절제를 맺음으로
예수님의 성품을 더욱 닮게 하소서.

보혜사 성령님을 우리에게 보내 주신
예수님의 이름으로 기도합니다. 아멘.

오늘의 한 줄 기도

부흥을 경험하는 성경학교

"그는 벤 풀 위에 내리는 비같이, 땅을 적시는 소낙비같이 내리리니
그의 날에 의인이 흥왕하여 평강의 풍성함이
달이 다할 때까지 이르리로다"(시 72:6-7).

마른 땅에 단비를 내려 주시는 하나님,
성경학교에 부흥을 허락하여 주소서.
하나님께 부르짖을 때 우리가 알 수 없는
크고 은밀한 일을 보여 주시길 원합니다.
성경학교에 성령의 단비를 내려 주소서.

교사들의 삶에 영적 부흥을 주셔서
말씀을 붙들게 하시고
말씀에 이끌리는 놀라운 은혜를
경험하게 하소서.
말씀을 통해 하나님의 마음을 바라보는
교사들이 되게 하소서.

사랑하는 아이들에게도 영의 양식을 주셔서
곤고한 마음을 채워 주시고,
이른 비와 늦은 비를 경험하며
믿음의 일꾼으로 견고하게
성장하게 하소서.
세상을 변화시키며 날마다 승리하게 하소서.

사막에서 시내를 만드시는
예수님의 이름으로 기도합니다. 아멘.

오늘의 한 줄 기도

안전하고 평안한 성경학교

"여호와의 이름은 견고한 망대라
의인은 그리로 달려가서 안전함을 얻느니라"(잠 18:10).

우리를 보호하시고 감찰하시는 하나님,
성경학교가 진행되는 동안
어떠한 사고도 일어나지 않도록
우리 아이들을 눈동자같이 지켜 주소서.
교사들이 아이들을 지혜롭게 인도하며
위험한 상황을 미리 보게 하시고
사고를 예방할 수 있도록 통찰력을 주소서.

교사들이 성경학교를 준비할 때
우리의 필요를 더 잘 아시는
하나님을 의지하게 하시고,
교사들의 준비에 부족함이 있을지라도
하나님이 채워 주소서.

사랑하는 아이들이 성경학교에서
따스한 하나님의 품을 경험하고,
일평생 삶을 인도하시는 주님을
찬양하길 원합니다.
"안전하다, 평안하라"고 말씀하시는
하나님의 음성을 듣게 하소서.

우리를 안전하게 지켜 주시는
예수님의 이름으로 기도합니다.

오늘의 한 줄 기도

52일

서로를 섬기는 성경학교

"또한 지도자라 칭함을 받지 말라
너희의 지도자는 한 분이시니 곧 그리스도시니라
너희 중에 큰 자는 너희를 섬기는 자가 되어야 하리라"(마 23:10-11).

하나님, 사랑하는 우리 주일학교 아이들이
예수님의 섬김과 겸손함을 본받길 원합니다.
성경학교 기간에 자기의 필요뿐만 아니라
친구들의 필요를 돌볼 수 있도록
선한 마음을 주소서.

친구에게 먼저 다가갈 수 있는 용기를 주시고,
도움이 필요한 친구에게 손을 내밀 수 있는
다정함도 주소서.
또한 자신들을 섬기는 교사에게도
감사를 표현하도록 넉넉한 마음을 주소서.

교사들은 아이들을 섬김이
큰 기쁨이 되게 하시고,
아이들은 교사의 사랑을 통해
예수님을 바라보게 하소서.
주일학교 전체가 주님을 기쁘게 해 드리는
아름다운 성경학교가 되게 하소서.

우리를 섬기기 위해 이 땅에 오신
예수님의 이름으로 기도합니다. 아멘.

오늘의 한 줄 기도

사명선언문

너희가 흠이 없고 순전하여……세상에서 그들 가운데 빛들로
나타내며 생명의 말씀을 밝혀 _ 빌 2:15-16

1. 생명을 담겠습니다
만드는 책에 주님 주신 생명을 담겠습니다.
그 책으로 복음을 선포하겠습니다.

2. 말씀을 밝히겠습니다
생명의 근본은 말씀입니다.
말씀을 밝혀 성도와 교회의 성장을 돕겠습니다.

3. 빛이 되겠습니다
시대와 영혼의 어두움을 밝혀 주님 앞으로 이끄는
빛이 되는 책을 만들겠습니다.

4. 순전히 행하겠습니다
책을 만들고 전하는 일과 경영하는 일에 부끄러움이 없는
정직함으로 행하겠습니다.

5. 끝까지 전파하겠습니다
모든 사람에게, 땅 끝까지, 주님 오시는 그날까지
복음을 전하는 사명을 다하겠습니다.

서점 안내

광화문점　서울시 종로구 새문안로 69 구세군회관 1층
　　　　　　02)737-2288 / 02)737-4623(F)

강남점　　서울시 서초구 신반포로 177 반포쇼핑타운 3동 2층
　　　　　　02)595-1211 / 02)595-3549(F)

구로점　　서울시 동작구 시흥대로 602, 3층 302호
　　　　　　02)858-8744 / 02)838-0653(F)

노원점　　서울시 노원구 동일로 1366 삼봉빌딩 지하 1층
　　　　　　02)938-7979 / 02)3391-6169(F)

일산점　　경기도 고양시 일산서구 중앙로 1391 레이크타운 지하 1층
　　　　　　031)916-8787 / 031)916-8788(F)

의정부점　경기도 의정부시 청사로47번길 12 성산타워 3층
　　　　　　031)845-0600 / 031)852-6930(F)

인터넷서점　www.lifebook.co.kr